G

19720

# BIBLIOTHÈQUE PORTATIVE
## DES VOYAGES.
### TOME XXXV

# BIBLIOTHÈQUE PORTATIVE
## DES VOYAGES,

TRADUITE DE L'ANGLAIS

Par MM. HENRY ET BRETON.

TOME XXXV.

ATLAS DE MACARTNEY.

PARIS,

Chez M.me V.e LEPETIT, Libraire, rue Pavée-Saint-André-des-Arcs, N.o 2.

1817.

# ATLAS
## DU VOYAGE
### EN CHINE
### ET
### EN TARTARIE.

PLANCHE I.

PORTRAIT de lord Macartney, ambassadeur du roi d'Angleterre à la Chine, et mort en 1799, gouverneur du Cap de Bonne-Espérance.

PLANCHE II.

Adansonia, ou arbre à pain de singe. (*Voyez le tome* 1$^{er}$., *p.* 166.)

## Planche III.

Nopal, ou raquette, et l'insecte qui s'y nourrit. (*Voyez tome* 1$^{er}$., *pages* 122 *et* 199.)

L'insecte qui fournit la couleur pourpre à Rio-Janeiro, n'est probablement pas le même que Linné a décrit sous le nom de *coccus cacti coccinelliferi*. Ce dernier est présenté avec les caractères suivans : « dos aplati, jambes noires, an- » tennes pointues. »

L'insecte de Rio-Janeiro est convexe; ses jambes, au nombre de six, sont d'un rouge vif; elles sont rondes ou monoliformes. Le mâle est entièrement rouge; sa poitrine est elliptique, et la tête y est peu attachée; ses antennes sont de la

longueur de la moitié du corps.
Deux jolis filamens blancs, trois
fois aussi longs que l'insecte, sor-
tent de son abdomen. Il a deux ailes
droites et couleur de paille.

La femelle, qui n'a point d'aile,
est de forme elliptique et convexe
des deux côtés. Son dos est recou-
vert d'un léger duvet, semblable à
du coton fin. Son abdomen est sil-
lonné de raies transversales. Sa bouche est sur la poitrine ; elle est ar-
mée d'une sorte de bec brun qui pé-
nètre dans le végétal dont l'insecte
se nourrit. Vingt jours après sa
naissance, elle est déjà pleine, et
donne le jour à une multitude in-
nombrable de petits, d'une taille si
exiguë, qu'on les prendroit pour
des œufs. Ces petits êtres demeurent

un jour entier sans donner aucun signe de vie ; mais ils s'animent peu à peu, et bientôt ils sont en état de se mouvoir avec agilité sur la feuille où leur mère les a déposés.

Au bout de trois ou quatre jours, le duvet cotonneux que, dès le second jour, on peut voir au microscope, est visible à l'œil nu. L'insecte croît rapidement jusqu'à ce qu'il ait atteint la grosseur d'un grain de riz.

A fur et mesure qu'ils grandissent, leur agilité diminue; quand ils ont pris leur croissance, ils s'attachent à la feuille, et y demeurent comme engourdis. C'est à cette époque qu'on en fait la récolte. Si on les laissoit plus long-tems, ils feroient place à une seconde génération.

Tandis que ces jeunes insectes sont encore couverts de leur duvet, on voit au milieu d'eux une infinité de cellules cylindriques. Ce sont les chrysalides ou les cocons des mâles; leurs ailes commencent à paroître trois jours avant qu'ils aient acquis leur entière perfection. Parvenus à cet état, ils n'ont plus que trois ou quatre jours à vivre, et emploient ce tems à féconder les femelles.

La plante dont se nourrit cet insecte est vraisemblablement le *cactus opuntia* de Linné; on l'appelle *orumbela* au Brésil.

Les feuilles sont épaisses, spongieuses, couvertes d'épines très-aiguës d'environ un pouce de long; le côté supérieur est concave, l'autre convexe. Leur forme est elliptitique. Elles ne tiennent point à la tige par une queue. Les feuilles poussent à l'extrémité les unes des autres.

Ce végétal parvient quelquefois à plus de vingt pieds de hauteur; mais on ne souffre pas que ceux où l'on élève des cochenilles, acquièrent plus de huit pieds, afin qu'ils soient à la portée de ceux qui récoltent. D'ailleurs leur suc est plus nourrissant. Les jeunes feuilles sont d'abord d'un vert foncé ; en vieillissant, elles tirent sur le jaune. La substance intérieure est de la même couleur que la surface.

Quand il s'y trouve des insectes à cochenilles, ils sont semés, comme une poussière blanche, sur le côté concave des feuilles.

Il y a encore sur cette plante un autre insecte ennemi du coccus ; il ressemble beaucoup à la mouche *ichneumon*, qui a quatre ailes, quoiqu'il n'en ait lui-même que deux.

La larve ou chenille de cette mouche s'introduit dans les cellules cotonneuses du *coccus*. Dès qu'elle se prépare à changer de peau, elle sort des cellules, et rampe sur les parties nues de la feuille. Elle y grossit rapidement, et perd sa couleur rouge et brillante pour devenir d'un jaune clair avec des cercles brillans autour du corps. Peu de jours après, elle semble engourdie ; puis ses anneaux se resserrent avec une violente agitation, et elle dépose sur la feuille un large globule d'une sérosité rouge ; ensuite elle se suspend aux épines de la feuille, et devient une chrysalide, de laquelle, bientôt après, sort l'insecte parfait.

Quand le fruit de la plante est mûr, son jus est écarlate, et teint de cette couleur, les excrétions des personnes qui en mangent.

Les habitans de Rio-Janeiro n'entendent pas très-bien la préparation de la cochenille. Ils font ramasser ces insectes par des esclaves, deux ou trois fois dans la semaine. Ceux-ci les enlèvent avec un tuyau de bambou taillé comme une plume.

Ce procédé, indépendamment de sa longueur, est sujet à beaucoup d'inconvéniens, parce que les esclaves qui font ce travail sans précautions suffisantes, enlèvent beaucoup d'insectes qui n'ont pas encore atteint leur maturité. Ils détruisent aussi la plupart des femelles avant qu'elles aient eu le tems de mettre bas leurs petits. De là résulte une diminution considérable pour la récolte suivante. Les Espagnols du Mexique ont une méthode toute différente. Ils déposent sur les feuilles du nopal de petites touffes de mousse, où les femelles vont pondre.

Pour extraire la chenille du *Coccus*, on se sert d'un expédient très-court, mais qui est horriblement cruel, s'il est vrai que les plus petits animalcules soient aussi sensibles à la douleur que les grands. On rassemble une grande quantité d'insectes vivans dans un plat de terre que l'on expose sur un brâsier. On les y retourne avec une cuiller d'étain jusqu'à ce qu'ils se soient entièrement dépouillés de leur duvet, et qu'ils aient acquis une couleur d'un rouge foncé. Dans cet état, ils conservent si peu les apparences de leur première forme, que la précieuse couleur qu'on en tire fut long-tems connue et recherchée en Europe, avant que les naturalistes eussent déterminé si elle appartenoit au règne animal, végétal ou minéral.

Voici les renvois de la Planche :
1 et 2. Le coccus mâle, un peu au-dessous de sa grandeur naturelle.
3 et 4. Le même, plus grand, afin que l'on puisse mieux distinguer

les filamens et les diverses parties de l'insecte.

5 et 6. Le coccus femelle, un peu au-dessous de sa grandeur naturelle, à deux époques de sa croissance.

7. Chenille de la mouche, ennemie du coccus.

8. La même, plus grande.

9. La même, sur le point de devenir chrysalide.

10. La même, dans l'état de chrysalide.

11. La mouche, dans l'état d'insecte parfait.

### Planche IV.

. Barque cochinchinoise. (*Voyez* tome 2, *p.* 173.)

On trouve, pages 188 et suiv. du même tome, des explications sur la manière dont les Cochinchinois construisent leurs canots et leurs barques. Les marins de ce pays se distinguent par leur adresse à présenter la proue au choc des rames, par la roideur avec laquelle ils se tiennent sur l'eau, et enfin par la rapidité de leur navigation.

## Planche V.

Mandarin de Turon dans la Cochinchine, avec l'esclave qui porte sa pipe. (*Voyez tome* 2, *p.* 206.)

## Planche VI.

Insectes qui produisent la cire de la Cochinchine. (*Voyez tome* 2, *p.* 210.)

Cet insecte, qui se nourrit sur une plante assez semblable au troène, mais dont les voyageurs n'ont pu déterminer le genre ni l'espèce, faute de voir les parties de la fructification, n'excède pas la grosseur d'une mouche. Il est, ainsi qu'on peut le voir dans la Planche, d'une singulière structure. Il a deux appendices dentelés en forme de peigne, qui se recourbent vers la tête, comme la queue des coqs, mais dans une direction contraire. Cet insecte a le corps tout blanc, ou au moins couvert de la même poudre blanche qu'il répand sur l'arbre où il cherche sa substance. On dit, ainsi que cela est expliqué dans le texte, que cette substance pulvérulente est employée, dans l'Orient, à fabriquer de la cire, en la mêlant avec de l'huile.

## Planche VII.

Manière de lever les filets. (*Voy.* tome 3, p. 27.)

## Planche VIII.

Pieds d'une dame chinoise. (*Voy.* tome 3, p. 49.

On voit sur le côté gauche de la plante, les pieds nus, dont l'orteil dépasse beaucoup plus les autres doigts qu'il ne le fait dans l'état naturel. Sur la droite, on aperçoit un modèle de la chaussure des femmes chinoises. L'extrémité de cette espèce de bottine est tronquée, comme si le pied étoit presque nul.

## Planche IX.

Chaise à porteurs chinoise. (*Voy.* le tome 4, p. 6.)

Les chaises à porteurs de la Chine ont des bâtons ou brancards, comme celles d'Europe. Mais ce n'est pas immédiatement ces bâtons que tiennent les porteurs. Ils attachent entre les deux bouts une corde très-lâche; ensuite ils y passent un petit bambou, dont chaque extrémité s'appuie sur les épaules d'un des porteurs. Cette méthode est moins fatigante que celle qu'on emploie en Europe, parce que les hommes n'ont pas besoin de se courber pour soutenir le fardeau avec leurs bras.

### PLANCHE X.

Manière de porter les fardeaux.
(*Voyez tome* 4, *p.* 65.)

On se sert, pour transporter les gros fardeaux, d'un procédé analogue à celui qui vient d'être décrit ci-dessus.

De chaque côté du fardeau est attaché un bambou long et solide. Si deux hommes ne suffisent pas pour chaque bambou, on le fait croiser par un autre plus court qui repose sur les épaules de deux autres hommes. On peut, à volonté, augmenter le nombre des porteurs, en multipliant les traverses de bambou. Chacun d'eux porte une partie égale d'un fardeau très-considérable.

Le bas de la planche explique à l'œil cette disposition, mieux que ne peut le faire aucune description (1).

---

(1) Il s'est glissé dans la partie du

## Planche XI.

Pont chinois sous lequel passèrent les yachts de l'ambassade. (*Voyez tome 4, page* 67.)

D'autres passages du Voyage prouvent que les ponts chinois sont tous d'une construction semblable à celui-ci. Comme le terrein n'est pas relevé au niveau des culées, on y monte par des gradins, et les voitures ne sauroient y passer. Un tel inconvénient est, à la vérité, peu sensible dans un pays où l'on ne voyage presque jamais que par eau.

---

texte qui a rapport à cette planche, page 65, ligne 3, une faute d'impression très-grave. Il faut lire *cahot*, au lieu de *cachos*.

## Planche XII.

Grande muraille de la Chine. (*Voyez tome* 4, *p.* 187 *et suiv.*)

Denis Kao, né à la Chine, dont les mémoires furent publiés en 1705; Duhalde, le père Lecomte, et d'autres voyageurs, ont donné des descriptions de ce monument, aussi imposant que curieux (1).

Ce qu'on a lu dans la relation de sir Staunton, prouve que l'on est très-peu d'accord sur son origine.

---

(1) Nous tirons en partie ces détails des notes d'un excellent abrégé du Voyage de Macartney, qui a paru en Angleterre. Comme ils diffèrent, sous plusieurs rapports, de ceux qu'a donnés sir G. Staunton, nous n'avons pas cru devoir les omettre. (*Note du traducteur.*)

Les uns l'attribuent à un prince de Waho, nommé *Ou-Ling*, qui l'attreprit 303 avant l'ère chrétienne, et dont les successeurs achevèrent ce qu'il ne put terminer lui-même. D'autres en font honneur à l'empereur *Chien-Chu-Voang*, ou *Tsin-Si-Ouang* ( c'est le même nom, autrement orthographié), qui, dit-on, en jeta les fondemens 221 ans avant Jésus-Christ.

Quoi qu'il en soit, ce formidable rempart, qui avoit évidemment pour objet de réprimer les courses des Tartares de l'Occident, s'étend depuis la mer orientale jusque par-delà le centre de la province de Schen-Si. Il sert de limite à la province de Pékin, et à presque toute celle de Schang-Si.

Sa longueur, en ligne droite, est de 654 lieues françaises ; mais, en plusieurs endroits, elle forme des détours ; de sorte que sa longueur totale est de plus de mille lieues (1). De lieue en lieue, et quelquefois à des distances plus rapprochées, il y a trois ou quatre tours fort élevées. La plupart de ces forts sont situés sur les plus hautes montagnes. La muraille a assez de largeur pour que huit chevaux puissent y galopper de front, sans aucun danger.

Duhalde dit que cet immense boulevard commence sur la côte de la

---

(1) Sir Staunton ne parle que de 1500 milles anglais, ce qui feroit un peu plus de 500 de nos lieues. (*Note du trad.*)

mer,

mer, à l'est de Pékin, et finit à quelque distance de la petite ville de Chwang-Lan. Les terre-pleins en sont très-solides ; la maçonnerie est en briques. La hauteur et la largeur en sont plus grandes que celles des autres murailles qu'on voit communément dans cet empire. Elle a de 20 à 25 pieds de haut.

Les portes de la grande muraille sont toutes défendues, du côté de la Chine, par de petits forts. Le premier de tous, qu'on rencontre à l'est, s'appelle Shang-Hay-Quan. Dans cet endroit, la muraille traverse une plaine large d'une lieue, et parfaitement unie ; ensuite elle commence à s'élever sur la croupe des montagnes. Ce fut le général chinois, gouverneur de ce pays, qui, le premier, appela les Tartares voisins de la province de Loaó-Tung. Il facilita ainsi à ces barbares l'invasion de sa propre partie, sans qu'ils fussent arrêtés par ces fortifications, que les Chinois regardaient comme imprenables.

Plusieurs des tours carrées sont hautes et d'un large diamètre. Plusieurs ont deux étages bâtis de briques, assis sur une fondation de pierre qui s'élève à 4 pieds de terre. Chacun des côtés du carré a vers la base 35 à 40 pieds; leur hauteur a à-peu-près les mêmes dimensions. Vers le sommet, le diamètre se rétrécit, les côtés n'ont plus que 25 à 30 pieds. Le premier étage est de niveau avec la plate-forme de la muraille, dans laquelle sont pratiquées les embrâsures.

Quant à la muraille elle-même, les fondations sont construites de grosses pierres carrées qui saillent d'environ deux pieds en dehors du mur de brique. Cette base a environ 25 pieds d'épaisseur, et s'élève deux pieds au-dessus du niveau du sol.

Les encoignures des portes, des fenêtres, les embrâsures, les angles saillans, les escaliers et les fondations sont d'un granit gris très-dur, entremêlé de quelques paillettes brillantes. Le reste de la maçonnerie est en briques bleuâtres placées par rangs, ayant chacun l'épaisseur d'une brique. Par-tout où, pour achever la muraille, les briques ordinaires n'ont pu être utiles, on ne les a point grossièrement taillées, mais on a employé d'autres briques moulées exprès dans les dimensions convenables. Le ciment ou mortier qui bouche les interstices des différentes couches de briques, a plus d'un demipouce d'épaisseur. Il est presque entièrement composé de chaux d'une blancheur parfaite.

Quoique les briques de la grande muraille aient si long-tems bravé les ravages du tems et les vicissitudes des saisons, leur couleur bleue fait d'abord douter si elles ont été cuites autrement qu'au soleil. L'expérience prouve qu'une masse d'argile se resserre et diminue de volume quand on l'expose à l'action du feu, et que plus le feu a d'intensité, plus ce retrait est considérable. Mais la masse une fois retirée du feu, ne reprend plus ses premières dimensions. Si donc les briques dont la grande muraille a été construite, avoient été simplement cuites au soleil, elles devroient éprouver ce retrait quand on les fait rougir au feu : cependant un essai a démontré qu'elles ne changeoient pas de volume. On voit d'ailleurs encore auprès de la grande muraille, quelques vestiges de fourneaux, où il est probable que les briques ont été cuites.

Evert Yysbrant Ides, ambassadeur du Czar Pierre-le-Grand à la cour de Pékin, a aussi donné une description de la grande muraille, dans la relation de son voyage qui fut publiée en 1705. Ce qu'il en dit se rapporte absolument à ce que l'on vient de citer plus haut.

Des travaux aussi énormes nécessitèrent l'emploi d'une multitude incroyable d'hommes. On croit cependant que la partie la plus importante en fut bâtie en cinq années. L'Empereur alors régnant mit en corvée trois hommes sur dix dans toutes les provinces de ses états, pour concourir à cette grande opération. Comme ce nombre ne suffisoit pas à l'immensité de l'entreprise, on en prit par la suite deux sur cinq.

On assure encore, que malgré la précaution qu'on avoit prise de faire travailler les ouvriers dans la partie la moins éloignée de leurs résidences respectives, cependant ils furent tellement accablés, soit des difficultés du travail, soit du changement de climat, que la plupart en moururent. Il en résulta une sédition, qui se termina par le massacre de l'Empereur et de son fils Agoutzi, dans la 40$^e$. année de son règne.

Lorsque l'on considère l'incroyable étendue de ces remparts qui traversent de vastes déserts, qui franchissent des rivières, des vallées, qui réunissent des montagnes les unes aux autres, qui dominent d'effrayans précipices; lorsque l'on refléchit à l'énormité du travail qu'ils ont dû coûter, à l'habileté de ceux qui l'ont dirigé, à la difficulté du transport des matériaux, au peu de tems qu'exigèrent ces constructions gigantesques, l'imagination effrayée est forcée de convenir que la grande muraille de la Chine ne le cède à aucune des sept fameuses merveilles du monde.

### Planche XIII.

Portrait de l'Empereur Tchien-Long. (*Voyez tome* 5, *page* 7.)

### Planche XIV.

Bourse et sceptre de l'Empereur. (*Voyez tome* 5, *pages* 12 *et* 15.)

### Planche XV.

Fou-Hi, fondateur de l'empir chinois, inventeur des *koua* ou trigrammes. (*Voyez la note de l page* 109, *dans le tome* 5.)

## Planche XVI.

Manière d'élever l'eau. ( *Voyez tome* 5, *page* 219. )

## Planche XVII.

Charrue chinoise. (*Voy. tome* 5, *page* 224.)

## Planche XVIII.

Pêcheurs portant leur canot et les oiseaux avec lesquels ils prennent le poisson. ( *Voyez tome* 6, *page* 14 *et suivantes.*)

Cet oiseau-pêcheur, nommé *leu-tze* dans le pays, est une espèce de cormoran que Linné a décrit sous le nom de *pelecanus Chinensis*. Du côté gauche de l'estampe, on voit des pêcheurs munis de pareils oiseaux, sur un radeau de bambou.

## Planche XIX.

Manière de dégager le riz de s pellicule. (*Voyez tome* 6, *p.* 21.)

Les Chinois exécutent plus e grand cette opération, en employant plusieurs leviers que fon mouvoir les roues d'un moulin eau. Il y a pour cet effet plusieurs moulins construits sur le bord des rivières. Comme ces moulins sont très-bas, ils se trouvent inondés par la rivière, dans le tems où les changemens de moussons occasionnent de fortes pluies et des débordemens. Dès lors ils sont momentanément hors d'état de servir. Mais quelque singulier que cela paroisse, il ne faut pas en accuser l'imprévoyance des Chinois. Le cultivateur de ce pays est trop attentif à ses intérêts, pour qu'il ne trouve pas cet inconvénient balancé par quelque avantage. (*Extrait de Hüttner.*)

### Planche XX.

Cha-Ouaw ou camellia sesanqua. *Voyez tome* 6, *p.* 137)

Cette plante s'appelle aussi *fleur de thé*, à cause de la ressemblance de sa fleur avec celle de ce végétal.

### Planche XXI.

Pompe à chaîne des Chinois. *Voyez tome* 6, *p.* 152)

Cette machine hydraulique est formée d'un tronc de bois creux et équarri, qu'une planche divise dans toute sa longueur en deux compartimens égaux. A chaque extrémité du tronc se trouvent une roue ou un cylindre, sur lesquels tourne une corde ou chaîne sans fin. Cette chaîne porte de distance en distance de petites planches de bois carrées, proportionnées à la largeur de la cavité. A mesure que la chaîne tourne, chacun de ces morceaux de bois élève avec lui un volume d'eau proportionné à ses dimensions.

Il y a trois moyens de faire mouvoir cette machine. S'il s'agit d'élever une grande quantité d'eau, l'on prolonge l'axe du cylindre sur lequel tourne la chaîne, et l'on y adapte de petits croisillons de bois en forme de T, de manière que les travailleurs y puissent appliquer aisément

sément le pied. L'axe tourne sur deux poteaux solidement fixés, et qui lui servent de *chappes*. Alors des hommes montant sur l'axe, et s'appuyant sur le chevron qui réunit les poteaux, communiquent à la chaîne un mouvement de rotation, et les planches carrées élèvent constamment un grand volume d'eau.

L'usage de cette pompe est très-commode pour le desséchement des marais, pour transporter l'eau d'un étang dans un autre, et pour élever l'eau des canaux ou des rivières sur de petites éminences.

On la fait également mouvoir, en attelant un buffle ou tout autre animal de trait à une grande roue horizontale, dont les dents s'engrènent avec l'axe du cylindre. Ce n'est qu'à Chu-San que les Anglais furent témoins de l'emploi de ce procédé.

Enfin, si la pompe est petite, on peut la faire mouvoir avec le seul secours de la main. Il suffit alors d'adapter à l'extrémité de l'axe une simple manivelle. Cette méthode est celle qui est la plus généralement usitée dans l'empire, parce qu'elle est la moins dispendieuse et la moins embarrassante. Chaque paysan chinois est pourvu d'une pompe portative, et regarde cette machine comme tout aussi indispensable qu'une bêche ou tout autre instrument aratoire. La fabrication de ces pompes occupe une immense quantité d'ouvriers.

PLANCHE XXII et dernière.

Grotte du Camoëns, dans une maison de plaisance à Macao. (*Voy. tome* 6, *p*. 254).

Le Camoëns, gentilhomme portugais, né en 1514, à Lisbonne, ou à Coïmbre, ou à Santarem ( car les diverses biographies ne s'accordent point sur ce fait), joignit la bravoure et la vie tumultueuse d'un guerrier, aux talens plus modestes d'un homme de lettres. Sa vie est un tissu d'aventures et d'événemens bizarres. Il fut exilé dans l'île de Macao, où il composa sa *Lusiade*, l'un des poëmes épiques dont s'honore le plus la littérature moderne, et qui, au jugement de Montesquieu, « fait sentir quelque chose

» des charmes de l'Odyssée et de
» la magnificence de l'Enéide (1)».
Cet ouvrage, destiné à célébrer
l'immortel voyage de Vasco-de-
Gama, et la découverte d'une route
nouvelle pour aller aux Indes, contient, au milieu de beaucoup de
défauts, de traits bizarres ou incohérens, une foule de beautés et de
descriptions étincelantes d'imagination. L'épisode du Cap des Tourmentes, nom que porta d'abord le
Cap de Bonne-Espérance, a acquis
une juste célébrité. Celui d'Inès de
Castro brille aussi par la sensibilité
la plus touchante. Il a fourni au
théâtre espagnol un sujet fécond

---

(1) *Esprit des Lois*, liv. xxi, chap. xxi.

et touchant, que le nôtre s'est approprié avec assez de succès.

Les Portugais, enthousiasmés par les couleurs séduisantes que la fiction du poëte a su prêter aux infortunes réelles de l'héroïne, montrent encore aujourd'hui à Coïmbre la maison qu'habitoit Inès de Castro, avant qu'elle unît sa destinée à celle de l'infant Don Pèdre, la fontaine aux bords de laquelle elle alloit pleurer, et que, pour cette raison, l'on nomme dans le pays, la fontaine des larmes (*fonte das lagrimas*), le ruisseau dont les ondes fidelles se chargeoient de ses amoureux messages. On sait que ce ruisseau traversoit le jardin de Don Pèdre, et qu'une grille, placée en travers, arrêtoit les tendres gages de l'amour d'Inès.

Le Camoëns a laissé un grand nombre de poésies ; mais la Lusiade a effacé toutes ses autres productions. Si réellement il l'a composée dans la grotte qui porte son nom, aucune situation n'étoit plus propre à échauffer le génie d'un poëte. De là ses regards embrassoient l'immense étendue de la mer, et une foule de petites îles qui, au coucher et au lever du soleil, présentent, sur tout par un tems calme, les groupes les plus pittoresques. L'océan des Indes, ce théâtre des victoires qui illustrèrent sa nation, se déployoit devant lui avec la plus riche magnificence.

Le tems de son exil terminé, le

Camoëns partit de Macao, et eut le malheur de faire naufrage sur la côte de Malabar. Il se sauva à la nage, tenant sa Lusiade à la main ; et satisfait de conserver ce précieux trésor, il voyoit avec tranquillité toute sa fortune engloutie dans les flots.

L'infortuné Camoëns ne se releva point de ce dernier désastre. Semblable aux littérateurs les plus illustres, il ne trouva dans ses talens, dans ses écrits, que de foibles ressources pécuniaires ; il mourut à l'hôpital, en 1577, à l'âge de 57 ans.

Après sa mort, les Portugais ont célébré à l'envi sa mémoire. Les nations étrangères elles-mêmes se sont plu à l'honorer. Trois fois on a fait passer la Luisade dans notre langue ; et ses images, nécessairement affoiblies par les traductions, n'en ont pas moins paru belles et moins séduisantes. *Mickle* l'a fait également connoître aux Anglais, par une traduction à laquelle il a joint un commentaire. ( *Ces détails ont été ajoutés par le traducteur.* )

*Fin de l'Atlas.*

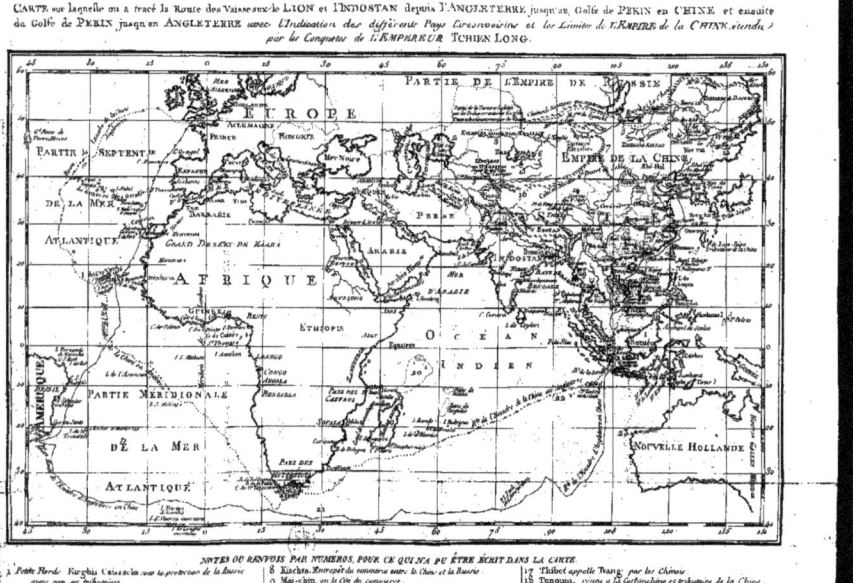

pl.11.

Arbre à pain de Singe.

pl. III.

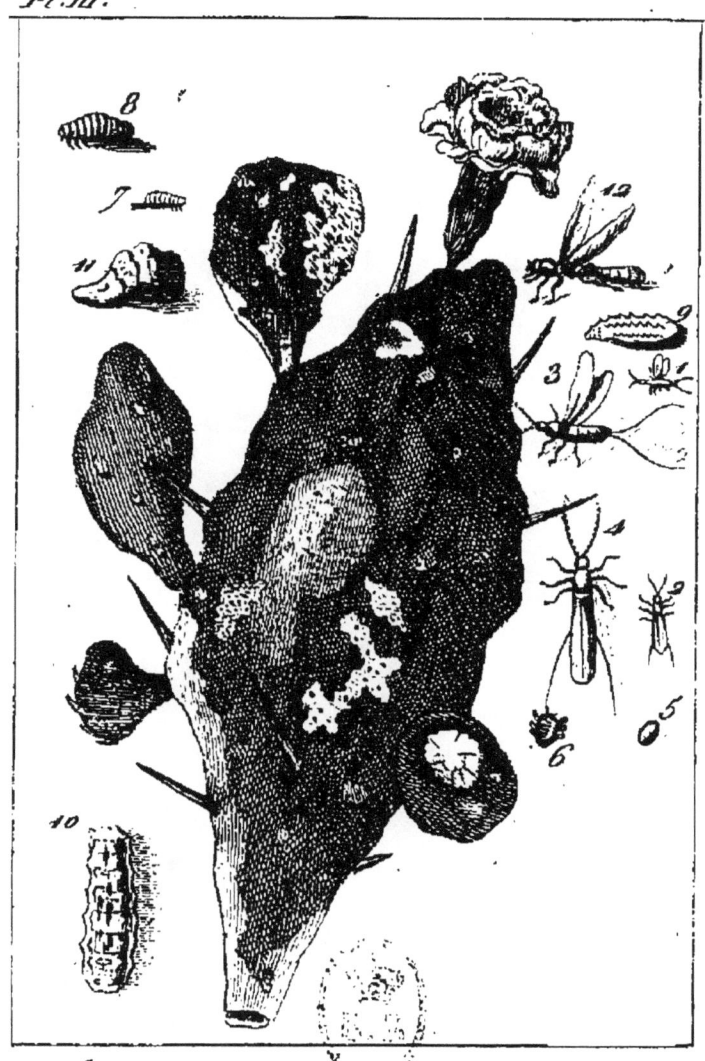

Feuille de Nopal, avec la Cochenille qui s'y nourrit.

*Barque Cochinchinoise.*

Mandarin de Turon.

Insectes qui produisent la Cire de la Cochinchine.

Manière de lever les Filets.

*Pieds des Dames Chinoises.*

Chaise à Porteurs.

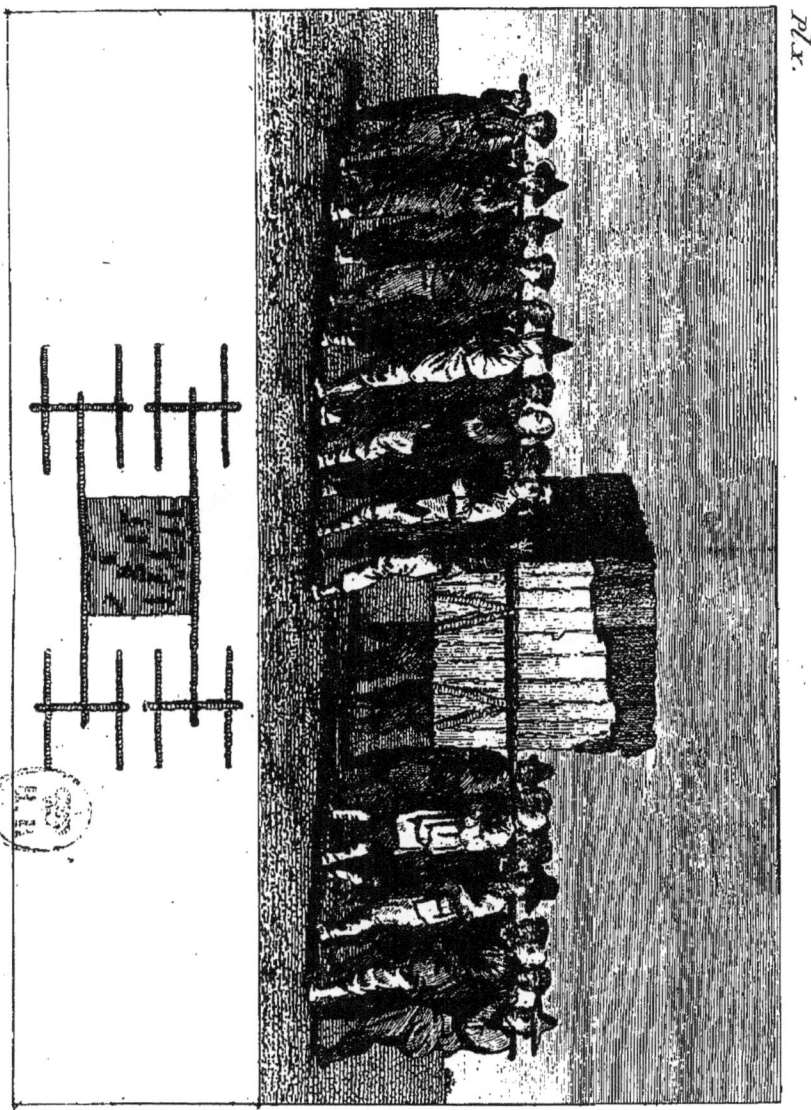

Manière de transporter les Fardeaux.

*Pont Chinois.*

Pl. XI.

*Vue de la Grande Muraille de la Chine.*

Portrait de l'Empereur Tchien-Long.

Bourse et Sceptre de l'Empereur.

FOU-HI,
Fondateur de l'Empire Chinois.

Manière d'élever l'eau.

*Charrue Chinoise.*

Pl. XVII.

Pl. XVIII.

Pêcheurs portant leur canot et les Oiseaux avec lesquels ils prennent le poisson.

Manière de dégager le Riz de sa pellicule.

Cha-wha, ou Camellia sesanqua

*Pompe à chaîne.*

Pl. XI.

Grotte de Camoens.

BIBLIOTHEQUE NATIONALE
Désinfection 19
N° 2191.

www.ingramcontent.com/pod-product-compliance
Lightning Source LLC
Chambersburg PA
CBHW070249100426
42743CB00011B/2196